5543

DYSSERGIE

LUGDUNOPROTOTECHNIQUE.

Nota. — Les poëmes dédiés ici aux hommes célèbres qui ont fait et doivent faire du bien à la typographie lyonnaise, étant en langues mères, le premier et le second en vers hexamètres seuls, autrement dits héroïques, et le troisième par distiques, l'auteur aurait cru manquer à son devoir, s'il ne les avait traduits en français et mis en regard, afin de plaire aux lecteurs qui ignorent la langue de Cicéron et celle de Démosthène.

DYSSERGIE
LUGDUNOPROTOTECHNIQUE

OU

DÉCADENCE DU PREMIER DES ARTS
A LYON.

PROGRÈS ACTUELS DU MÊME ART,
MAIS PARTICULIERS.

Opuscule dédié à tous les Savants de cette Métropole, principalement au Clergé et à l'Académie.

PAR MAZOYER,
Bachelier, Correcteur-typographe.

> Du mal dans sa racine étouffez les progrès,
> Le remède tardif est souvent sans succès.

A LYON,
CHEZ LES PRINCIPAUX LIBRAIRES.
1848.

DYSSERGIE
LUGDUNOPROTOTECHNIQUE

OU

DÉCADENCE DU PREMIER DES ARTS
A LYON.

PROGRÈS ACTUELS DU MÊME ART,
MAIS PARTICULIERS.

> De longtemps je n'ai dit mot ; mais à la fin c'est trop de silence en si important sujet de parler : les ignorants crieront contre moi, les savants tôt ou tard me rendront justice.
> (MAZOYER.)

D'où vient que la Typographie, cet art *par excellence*, qui, en venant étendre les limites des connaissances humaines et multiplier à l'infini les moyens de lire et d'écrire, a fait faire en même temps des pas immenses à la civilisation et a totalement changé la face des deux mondes, en leur procurant les découvertes les plus utiles, les documents les plus précieux, et en répandant avec profusion sur tous les peuples les lumières qui, autrefois, n'éclairaient qu'un petit nombre de sages ; d'où vient, dis-je, que cet art immortel et divin, la plus riche et la plus belle invention du génie, la puissance incompréhensible de l'opinion, la communication indéfinie de la pensée et de la raison, le *palladium* de nos droits, le trésor des sciences, l'égide enfin de la liberté ce doux présent du ciel, a resté à Lyon, durant plusieurs années, dans une inertie tout à fait déplorable ; tandis qu'il y obtient aujourd'hui comme par enchantement les succès les plus distingués, mais en certaines maisons seulement : je veux dire, celles qui sont bien dirigées ; où les épreuves sont corrigées avec autant de science que de pratique par des sujets de premier ordre ; où le maître, *aux yeux de lynx*, et fermant l'oreille à la calomnie, voit et connaît tout par lui-même ; où le prote enfin, nouveau Vascosan, et comme lui joignant l'instruction à l'expérience, contribue le plus de tous encore, et par son zèle et par sa fermeté, au bien complet de l'établissement ? Le dilemme suivant résoudra cette fameuse question tant de fois agitée dans nos imprimeries et parmi les savants.

En effet, ou les plaintes générales qu'on entendait journellement dans nos ateliers, du temps de la décadence, sont admissibles, ou non. Si elles sont admissibles, alors c'est à bon droit qu'on regardait comme source du mal :

1° L'emploi des mauvais artistes, tant exotiques qu'indigènes, aux labeurs les plus compliqués, les plus difficiles et les plus délicats ;

2° Le système d'*apprentis imposés* aux bons ouvriers, ou *sine quo non :* système, disait-on, et je le crois aussi, non seulement peu lucratif pour les maîtres, mais encore extrêmement dangereux pour l'ouvrage, et tout à fait arbitraire ; car, dit un proverbe typographique : *Mon ami, chez nous on ne doit pas faire le docteur, quand on n'est que commençant ;*

3° Le trop grand nombre de ces apprentis, que les patrons devraient fixer à un sur sept ouvriers, et non à quatre sur douze, comme on a vu jusqu'ici ; et dont l'apprentissage, au lieu de quinze à dix-huit mois, devrait être fixé pour le moins à quatre ans ;

4° Enfin la direction bizarre, inepte et partiale, non pas de tous les protes, car il y en avait du temps de la décadence, de même qu'il en est encore aujourd'hui de bien intelligents dans leurs fonctions : aussi honneur aux Breton, aux Charle, aux Albert, aux Porte, etc., ces colonnes de la typographie lyonnaise, et dont nous savons dignement apprécier les talents en notre art ! Honneur encore soit rendu aux excellents artistes qui, n'étant pas protes, sont dignes de l'être : aux Bruyas, aux Guichard L., aux Liebert, tous pleins de capacité ! Mais on veut parler ici de ces protes pusillanimes, qui connaissent peu leur état et leur devoir ; incapables, à défaut d'éducation, de tenir le moindre entretien avec les auteurs ; ne surveillant à rien par des craintes mal fondées, et sacrifiant journellement l'injustice et l'impartialité, tantôt à la faiblesse, tantôt à une sévérité inconvenante, aujourd'hui à des préventions, le lendemain à des considérations particulières, souvent même à leur caprice, et conséquemment ne s'attachant point au mérite : direction, qui fait saigner le cœur à tous les clairvoyants, et qui, si elle ne ruine pas bientôt une maison, la met au moins à deux doigts de sa perte, et la fait quelquefois écrouler comme le plus frêle ouvrage d'argile.

Si ces plaintes sont inadmissibles, alors qu'il me soit permis d'avancer à mon tour une vérité très-importante : car tous les bons typographes lyonnais, joints à nos meilleurs auteurs que j'ai consultés sur ce sujet, sont de mon avis *ad unum*, c'est-à-dire, à l'unanimité ; et je prie très-instamment nos maîtres imprimeurs d'y penser d'une manière sérieuse, s'ils veulent sauver dans la seconde capitale le premier des arts, et l'y faire fleurir avec persévérance comme à Paris, à Nantes et dans les autres grandes cités de la reine des nations : c'est, selon moi, d'abord à l'ignorance des correcteurs élus sans un examen préalable, puis à l'usage imprudent d'occuper à cette fonction scientifique des sujets médiocres et présomptueux, qu'il faut attribuer la cause de la décadence qui nous a été pendant longtemps si funeste, et qui le deviendrait encore davantage, si les maîtres ne prenaient résolûment les précautions et les mesures nécessaires pour arrêter le mal.

En effet, n'a-t-on pas vu, à Lyon, donner à corriger des épreuves, quelles qu'elles fussent, non seulement à des correcteurs incapables, mais encore à de simples compositeurs qui, ne pouvant pas gagner leur vie à la casse, parce qu'ils n'étaient ni propres ni habiles leveurs de lettres, avaient le *toupet* (qu'on me pardonne ici leur propre expression) de s'annoncer au prote trop crédule comme excellents correcteurs ? Ah ! que ce *toupet* a souvent coûté cher à des maîtres ! Espérons qu'il est banni pour toujours de notre typographie.

N'a-t-on pas vu encore (oui, je le dis en gémissant) des correcteurs que nous appelons *Omnibus*, parce qu'ils disent tout savoir et ne savent rien, avoir l'imprudence ou l'orgueil de corriger, sans connaître un mot de quantité, des ouvrages latins-grecs accentués et à plusieurs volumes ; puis laisser passer, dans les tierces, des impositions fausses non quant aux folios, mais quant à la matière ? C'est-à-dire que ces correcteurs ne faisant pas attention au dernier mot du *verso*, ni au premier mot du *recto*, parce qu'ils ne les comprenaient pas, il se trouvait dans les impositions une page du 6e volume avec quatre du 8e, cinq pages du 7e avec deux du 1er ; et alors quelle perte pour le maître, le correcteur étant garanti, d'un côté, par les folios qui sont tous bons, et de l'autre, par son ignorance crasse dans la langue de Tullius et celle de Démosthène! *Quelle réputation* surtout pour la maison, lorsque les libraires, le clergé et l'académie, ne s'apercevant de ces lourdes *brioches* qu'après la reliure en chagrin ou en maroquin, prennent aussitôt la plume pour écrire des lettres foudroyantes ! vraiment on frémit, quand on y pense.

Ici j'en appelle à tous les corps savants de notre ville, tant hellénistes et latinistes qu'hébraïsants, principalement à l'académie et au clergé, les seuls corps, à mon avis, qui aient porté naguère un prompt remède au mal, et capables d'y porter encore le plus efficace. Pendant plusieurs années, n'avons-nous pas vu notre typographie dégénérer *incitato gradu ?* Sans parler longuement de la plupart de nos journaux qui fourmillent de fautes, parce qu'ils sont corrigés, les uns par des protes qui ne connaissent pas leur langue, les autres par des commis ou des rédacteurs qui ne sont pas typographes, lesquels journaux cependant devraient être purgés radicalement, comme étant des ouvrages quotidiens ou périodiques qui se publient par feuilles, par numéros, et qui font connaître soit par de simples annonces, soit par des articles raisonnés, les nouvelles politiques et littéraires ; sans parler encore de nos réimpressions en tout genre, metions tant soit peu en avant les ouvrages de prix et de haute science. N'est-il pas vrai que notre presse a été blâmée par les auteurs et les savants étrangers, de ce qu'elle mettait au jour des éditions, à la vérité, disaient-ils, pleines d'élégance, de goût, d'ordre et de propreté (ce qui fait honneur aux compositeurs, aux metteurs en pages et aux imprimeurs lyonnais à qui elles étaient confiées) ; mais en même temps des éditions fautives, qui faisaient honte aux connaisseurs, et qui dénotaient clairement que ceux qui les corrigeaient étaient ou ineptes dans l'état, où insouciants et peu consciencieux, si toutefois ils avaient la capacité ? Voilà cependant la triste situation où les correcteurs élus sans épreuve et sans examen avaient réduit notre typographie ; tandis qu'aujourd'hui, si elle fait des progrès en certains établissements, elle en est redevable aux excellents artistes que les maîtres eux-mêmes ont su se choisir, et surtout aux bons correcteurs que l'académie et le clergé, depuis quelques années, exigent pour la correction des ouvrages classiques et ecclésiastiques. Oh ! quand je pense à la triste et déplorable situation où les mauvais correcteurs ont réduit notre typographie, je ne puis m'empêcher de rappeler ici les paroles prophétiques du malheureux Servet : *De eo (artium optimo) Lugduni agitur, nisi huic strictæ emendationis afferatur remedium,* c'est-à-dire : C'en est fait, à Lyon, du premier des arts, si on n'y porte le plus efficace remède, qui consiste en une correction stricte et sévère; je m'explique : si les maîtres ne se procurent des correcteurs savants et expérimentés (1).

Ils n'étaient pas si faciles nos anciens imprimeurs, lorsqu'ils voulaient admettre un sujet à une fonction qui requiert un talent extraordinaire, une pratique consommée, beaucoup de sang-froid et une santé imperturbable. Non contents, comme fait aujourd'hui notre académie à un candidat pour le grade de Bachelier ès sciences, de lui faire subir par de savants interrogateurs l'examen le plus rigoureux sur les langues mères, sur les difficultés nombreuses du chant battu et figuré,

(1) Voulez-vous savoir comment M. Boursy (Jean-Marie), ce docte imprimeur lyonnais, qui joignait à de profondes connaissances typographiques la rare qualité de *parfait correcteur*, et sous qui, lorsque j'étais professeur des humanités à l'Enfance, j'ai étudié le plus attentivement que j'ai pu les meilleurs principes de correction, quoique j'eusse alors exercé douze ans cet honorable emploi dans de bonnes imprimeries; voulez-vous savoir, dis-je, ce que pensait des mauvais correcteurs ce typographe érudit? Écoutez. — « *Emendatores stupidos ego conqueror esse*, c'est-à-dire : Je souffre vivement qu'il existe des correcteurs ignorants. » Et qu'eût-il dit, du temps de la décadence, si, venant des Champs-Élysées, il eût vu que la plupart de nos correcteurs, bien loin de posséder les langues savantes, ne savaient pas même l'orthographe de leur langue maternelle? C'est alors qu'il eût fini son distique avec exclamation : « *Ignari cessent, perditur arsve citò*, Qu'ils cessent les ignorants, sinon le premier des arts est perdu! » O maître chéri! que de regrets après toi! ta perte fut trop sensible à la typographie lyonnaise : comme nous, je t'en prie, joins tes vœux pour la prospérité de notre art à ceux de Lugdus et de l'immortel Guttenberg que j'implore à la fin de mon ouvrage.

Du plus savant des arts l'honneur et le modèle,
O Boursy! que ta perte a fait couler de pleurs!
Des typographes, viens de la nuit éternelle,
Pour calmer les regrets, adoucir les douleurs.

principalement sur la philosophie et la théologie, ils voulaient encore qu'il fût aussi bon compositeur qu'excellent imprimeur.

Mais le talent rare, auquel les maîtres d'autrefois tenaient le plus, est celui de la versification grecque et latine ; et n'allez pas croire qu'un si riche talent soit renfermé, comme on le pense aujourd'hui, dans la seule connaissance des vers *hexamètre* et *pentamètre ;* il exige encore celle des vers *phérécratien*, *saphique*, *alcmane*, *adonique*, *ionien*, *phaleuce*, *glyconique*, *archiloquien*, *asclépiade*, *alcaïque*, *scazon*, *trochaïque*, *falisque*, *brachycatalecte*, et surtout *iambique* dimètre et trimètre. En effet, si un chef imprimeur donne à ses correcteurs pour le profane : un *Horace*, un *Ovide*, un *Pindare ;* et pour le sacré : un *Bréviaire*, un *Graduel*, des *Heures de Lyon*, un *Vespéral*, surtout un *Paradisus* à corriger, alors ne faut-il pas que ceux-ci sachent tous les vers précités dont sont composées les proses et les hymnes qui abondent dans ces livres divins ? Ne faut-il pas qu'ils soient profondément versés dans la quantité prosodique ? Et cependant combien n'a-t-on pas vu et ne voit-on pas encore tous les jours des correcteurs qui, ignorant tous ces vers, ont l'imprudence et l'orgueil de corriger des ouvrages si savants et si épineux ? *Spectatum admissi luctum teneatis amici ?* c'est-à-dire : A ce front, mes amis, pouvez-vous vous empêcher de verser des torrents de larmes ? Et faut-il, après cela, s'étonner de voir dans de si précieuses éditions, je ne dis pas seulement des fautes graves dans le courant de la matière, mais encore des vers tronqués, des vers faux dans les hymnes et les proses, et surtout des divisions, à tout bout de champ, qui révoltent les connaisseurs ? Pour moi, je ne trouve en cela rien d'étonnant ; car je répète ici ce que j'ai déjà dit : Les maîtres seuls ont tout le tort ; avant d'employer un sujet à la correction, ils devraient lui faire corriger en leur présence, comme faisait le célèbre Éberhart à Paris, cinq ou six épreuves scientifiques, mais cacographiques à dessein. Ce qui m'étonne le plus, c'est de voir au frontispice de si précieux ouvrages la ronflante épithète d'*emendata* ou d'*expurgata*, tandis qu'il devrait y avoir celle de SCATENTIA (*quàmplurimis mendis et crassissimis.*)

Ici me direz-vous peut-être : « Il faut avoir un peu d'indulgence : un correcteur, qui ignore ces sortes de vers, s'attache ordinairement à la copie en la suivant littéralement. — Et si la copie est vicieuse, vous répondrai-je, s'il manque un vers à une strophe, ou un pied à un vers, deux ou trois à un autre, comme il arrive très-souvent, alors faut-il que l'académie et le clergé souffrent de l'ignorance de vos correcteurs ? *Proh pudor !* de tels sujets ne sont pas dignes d'être assis au bureau. Et tout maître, qui les supporte, s'expose, d'un côté, à des pertes considérables : car l'auteur ou le libraire peuvent laisser à son compte l'ouvrage ; et, de l'autre, il enfreint scandaleusement cette loi théologique : *Peccant graviter superiores indignis gradus conferentes*, c'est-à-dire : Sont grandement coupables devant Dieu les supérieurs qui donnent des fonctions aux indignes. »

Mais me dira-t-on encore ce que des pédants m'ont déjà dit : « Ce ne sont là que des livres ecclésiastiques, Monsieur, les derniers ouvrages que vous nous citez ! — J'avoue, répondrai-je avec une juste indignation, que ce ne sont là que des livres d'église. Et croyez-vous, pour cela, que notre jeune République va marcher sur les traces d'Osmar ! peut-être elle soutiendra ces livres plus que n'ont fait nos rois. J'avoue encore que ce n'est pas dans les proses des Missels ni dans les hymnes des Bréviaires, des *Paradisus* et des Antiphonaires ; qu'il faut étudier la richesse et les beautés de la poésie des Virgile et des Horace. Néanmoins, n'ont-elles pas leurs qualités ces hymnes et ces proses ? Quelle chaleur d'inspiration ! quelle profondeur de pensées ! quelle vivacité d'images ! quel pathétique ! quelle heureuse manière de rendre les vérités de la religion ! Oui, de tels vers se font admirer par l'énergie et la force des mots, par la hardiesse et la beauté de l'imagination, par la noblesse et l'élévation des sentiments. Une simplicité majestueuse et une onction admirable, une belle et juste application des endroits les plus sublimes de l'Écriture sainte, une latinité enfin pure et délicate donneront toujours aux ouvrages de ce genre le prix qu'ils méritent. L'expression y est tellement appropriée au sujet, que, malgré son inélégance, on ne saurait la remplacer que par elle-même. Par conséquent, les bons et savants correcteurs doivent y porter les plus grands soins. »

Qu'il me soit donc permis, pour le salut de la typographie lyonnaise que j'ai l'honneur de servir, de répéter à nos maîtres imprimeurs le beau distique de Nason :

Principiis obsta ; serò medicina paratur,
Cùm mala per longas invaluere moras.

C'est-à-dire :

Du mal dans sa racine étouffez les progrès,
Le remède tardif est souvent sans succès.

Et toi, Lugdus, vrai fondateur de Lyon (ce que va prouver irréfragablement le poëme en vers héroïques que je te dédie ici), toi qui, un instant avant de payer ton tribut à la nature, prédis la grandeur prochaine et les succès artistiques de ta chère *Lugdunum*, si nos intérêts te touchent encore dans les Champs-Élysées, si tu as pour tes enfants des égards favorables, fais en sorte que notre art *par excellence* devienne plus prospère et plus florissant que jamais : inspire, pour cela, à nos maîtres la ferme résolution de n'employer désormais aux labeurs compliqués et délicats que d'ouvriers habiles et surtout des correcteurs qui joignent la science à la pratique; afin que les éditions pures et correctes qui sortiront de nos presses fassent dire un jour à la postérité, des plus zélés de nos imprimeurs, ce que nous disons aujourd'hui avec un noble et légitime orgueil des Nutius et des Vitré : *Ils ont bien mérité de la république des lettres* ; et daigne en récompense agréer les hexamètres suivants que j'ai dédiés à ta mémoire depuis longtemps oubliée dans la typographie, et peut-être même dans l'académie de ta propre cité, mais bientôt, il faut l'espérer, universellement honorée chez nous comme du temps des *presses rhituviennes*. Fasse le ciel, ô Lugdus! que mes vœux en faveur du premier des arts soient exaucés ; de cet art sublime, lequel ne tardera pas à faire connaître les vrais principes philanthropiques et fraternels qui jusqu'ici n'ont été ni bien compris ni sagement appliqués !

POEMA,

Lugdo, Lugduni conditori, ab Aniciensi Mazoyer, emendatore-typographo et baccalaureo, dicatum, ut ex Elysiis typographiæ Lugdunensis saluti consulat amator ille scientiarum et artium fautorque studiosissimus.

Protinùs, ô Musæ ! deponite gaudia vestra,
Et conjungentes paulispèr tristia mecum,
Optima Lugduno doctrina quòd exiit urbe,
Vos, quæso, celebrem Lugdum salvere jubete
Primùm, deindè meo tenui benè carmine dici
Lugdum, qui graphio sua mœnia fixit arenæ
Esse futura brevi multà florentia merce,
Artibus ingenuis, operà, cultuque Minervæ..
Ergò patri, liceat mihi reddere debita nostro,
Præbeat ut nobis rectores arte valentes
Præstanti nostrâ, non quos inscitia turpis
Simultasque tenent. Nunc promissum ecce poema
Versibus hexametris quæ do scrutanda poetis,
Includunt quoad historiam in quà vera nitescunt,
Et benè quam lectam lector, certisso, sequetur;
Nam fuit ex priscis clarisque annalibus hausta.
Quod rursùs dico : Nunc promissum ecce poema
Quo Lugdus donatur, aviti nominis hæres,
Atque sibi gestis præclaram gloriam adeptus :

Verorum verum, non est scia fallere virtus :
Lugduni Lugdus verè fundator habetur,
Reveràque est; noster enim, sub præsule Brenno
(Non est hic Brennus quem torrida numina dicunt
Sacrilegum, gentis sed Brennus terror italæ,
Altero et antiquus centum quinque ampliùs annis,
Et qui pergebat cum his : Portas claudite vestras;
Væ victis! væ, iterùm dico, certamine victis !)
Brennus qui vicit Romanos Marte superbos,
Et quem vice suà superavit palma Camilli,

A LUGDUS,
VRAI FONDATEUR DE LYON.

Muses ! cessez aussitôt votre joie, et mêlez, un instant, votre tristesse à la mienne. Le premier des arts est en décadence à Lyon, mais il n'y périra pas ; Lugdus, que nous saluons tous aujourd'hui comme notre père, l'a assuré ; oui, Lugdus qui, six cent trente-quatre ans avant notre ère, traça sur le sable, par inspiration divine, que sa ville naissante serait bientôt célèbre par le commerce, les sciences et les beaux arts. D'ailleurs, la vertu ne sait point tromper ; elle ne connaît que la vérité.

Parmi les étymologistes modernes, qui ont voulu se faire un nom par leurs définitions captieuses, les uns font dériver *Lugdunum* du mot grec λεῖον, qui veut dire *plaine;* les autres, des deux mots celtiques *lug, dun,* qui signifient *corbeau, montagne;* « parce que, disent-ils, avant la construction de la ville, cette forêt montueuse et escarpée était un repaire d'orfraies et principalement de corbeaux. » Ceux-ci attribuent la fondation de Lyon à des marchands phocéens ; ceux-là, à quelques pêcheurs ségusiens ; enfin le plus grand nombre, à César et au consul Lucius Munacius Plancus. D'après les annales des anciens druides velaunais, tous ces étymologistes sont dans l'erreur : *Lugdun*, y est-il dit en caractères hiéroglyphiques, *est ainsi appelée de Lugdus son fondateur et notre maître, avec qui nous avions de fréquents rapports, après la fin tragique de son chef supérieur,* etc. Il paraît, d'après les annales du Velai, que ce célèbre capitaine gaulois, à l'époque d'une expédition de nos ancêtres contre Rome, fut laissé par le généralissime de l'armée en observation, avec un corps de trente-cinq mille hommes, au confluent du Rhône et de la Saône. Le supérieur de Lugdus fut Brennus ; non pas celui qui parcourut l'Orient

Planitiem incoluit, nostram ædificavit et urbem
Quam regeret volucre sui, quò clarior esset :
Posteà quod certum (namque urbs in luce refulsit),
Magna brevi noto moliens commercia mundo
Per Rhodanum præbere citum velocibus undis.
Sed tot opum vix famà volat, cùm splendida luxu
Roma suos auri cupidos præmittit ad urbem
Lugdunum, edicitque potiri, consule Planco.
Et nunc, lectores, talem velletis honorem
Immeritò auspiciis reddi felicibus isti !
Absit. Venerat quoque Julius anteà Cæsar
Ad nos, atque instar collegæ tecta retexit.
Tantus honos igitur non Planco vana tumenti,
Haud ulli Romanorum, sed terque quaterque
Reddatur Lugdo nostro quem gallica tradunt
Scrinia Lugduni factorem : incumbite namque
Horum scriptorum studio, me cuncta tuentur.
Id veri Druidas monachosque dedisse patescit ;
Auctores etiam tum græcos, tumque latinos,
Plutarchum scilicet, Palemonemque atque Malossum,
Totque alios qui dinumerentur longius esset.
Insuper historiam lustrate, idem ordine pandit :
Lugduni Plancus nequaquàm est conditor urbis ;
Consul enim, cupiens majorum laudis honores,
Dixisset, si res esset, volo, *Plancia* nomen ;
Romam, nempe suam dixit quoque Romulus urbem.
His positis, lector non vocum ambage moretur ;
Vosque, mei socii, stetis : nam vera videtis.
Sic fugiat Lugdunenses hoc carmen inane :
Sunt structa auspiciis mœnia, Plance, tuis (Com.);
Atque fides corvi fabellam nulla sequatur :
Montis amans corvus fausto dedit omine nomen,
Nec græcum *ñëion*, quodnam vult dicere *planum;*
Aures sunt etenim verba hæc onerantia lassas.
Res ità cùm se habeat, remque altà voce loquantur
Majores nostri, deinceps donemus honore
Tam justo Lugdum : nobis verum imperat illud.
Laudibus innumeris quoque Francia tota celebret
Lugdum, qui mortem prope dicitur esse locutus :
Jam morior, cives, vos semina fundite campis,
Ut lætam segetem ferat urbi pinguis arista.
Intemerata fides, cupio, vos uniat omnes,

à la tête de 160 mille fantassins et 24 mille cavaliers, et qui, après avoir saccagé la Grèce entière, s'avançait à grandes journées pour piller le temple de Delphes, lorsqu'il fut vivement repoussé par Apollon et le dieu Pan ; mais je veux dire ce Brennus, plus ancien que l'autre de cent cinq ans, et meilleur général encore ; qui, s'étant ouvert un passage honorable par les Alpes, fondit avec impétuosité sur la Lombardie, traversa en sept jours la Toscane sans coup férir, seulement en criant : *Fermez vos portes, malheur aux vaincus!* et qui ; après avoir défait les Romains à Allia, marcha contre leur capitale, s'en rendit maître, la livra au pillage, et fut ensuite totalement battu par Camille, au moment où le tribun Sulpitius, ayant recueilli les bijoux, les bracelets et les bagues des dames romaines, allait lui donner douze cents livres d'or pour sortir des terres de la république. Tel est souvent, chose digne de remarque, le triste sort des plus célèbres capitaines.

Informé par un Samnite de la défaite entière de l'armée gauloise, au point qu'il ne resta pas un soldat pour venir en porter la nouvelle dans les Gaules, Lugdus résolut de demeurer avec les siens au confluent, où il fit bâtir des cabanes. César, à son arrivée, y trouva un bourg : témoins non seulement les annales que je viens de citer, mais encore Plutarque, Palémon, Malossius et une foule d'autres savants. Que l'honneur de la fondation de notre ville ne soit donc plus désormais accordé à un romain ; car, si le consul Munacius Plancus l'eût fondée, ne l'eût-il pas, avec orgueil et fierté, appelée de son nom *Munacie* ou *Plancie*, de même que Romulus appela la sienne *Rome;* Alexandre, la sienne *Alexandrie;* Constantin, la sienne *Constantinople*, et comme ont coutume de faire tous les fondateurs ? Un si grand honneur appartient à Lugdus, notre père, d'où est venu à notre ville le nom célèbre de *Lugdunum;* à Lugdus qui, étant près de mourir, fit assembler ses gens, et leur parla ainsi : « Mes amis, ma fin

Unum cor vobis, amor unus, et una voluntas.
Rixarum rabies vestram non erret in urbem,
Nam lacrymas rixæ causant et tristia multa.
Vos nunquam interni turbent incendia belli;
Exterior verò si vos violaverit hostis,
Non metuite ferum bellum, sed ferte libenter,
Omnis derisus populus quia natio non est.
Nec Rhodanus, nec Arar sint unquam sanguine fœdi,
Mercibus econtrà gestandis prosit uterque :
Unus ad australes, boreas atque alter ad urbes.
Sit vobis eadem pars, corque sit omnibus idem ;
Consilium vestris idem de rebus habete,
Et tunc felices eritis, nam pulchrius ecquid
Quàm proavis, opibus, famà, virtuteque jungi ?
Fraterno solidi nexus in amore ligentur,
Illius haud unquàm nodos mala separet ira :
Sit firmum econtrà vestri glutimen amoris.
Vos inter tandem redeant saturnia regna
Quæ toto vobis exopto corde, valete.

LUGDUS.

NOTA. — Les druides velaunais n'ont désigné par aucuns hiéroglyphes quel serait l'art qui nous procurerait la liberté. Cet art ne peut être que la Typographie.

s'approche ; avant de vous quitter pour toujours , j'ai voulu vous annoncer bien des choses. Nos cabanes formeront bientôt une cité considérable , florissante par le commerce , les sciences et les beaux arts , principalement par un art (je vous le prédis) qui perfectionnera tous les autres et vous procurera la liberté que vous aimez tant. Soyez unis , camarades , abstenez-vous de guerres intestines ; car rien de plus triste que de voir les citoyens d'une même ville s'entr'égorger. Mais si un jour l'ennemi du dehors vous insulte , oh ! alors ne craignez pas la guerre , acceptez-la de bon cœur ; parce que tout peuple qui , par sa pusillanimité , devient la risée de ses voisins, mérite d'être ignominieusement rayé de la liste des nations. Que le Rhône et la Saône ne soient jamais teints de votre sang ; qu'ils vous servent , au contraire , à transporter toutes sortes de provisions et de marchandises, ils vous en offrent les plus grandes facilités : car par le Rhône vous pouvez communiquer avec les provinces du Midi , et par la Saône avec celles du Nord. Tâchez aussi , tant qu'il dépendra de vous , d'avoir le même sentiment , le même parti , et vous serez heureux ; les pays étrangers ambitionneront votre bonheur. En effet , mes amis , quoi de plus beau et de plus consolant que de descendre des mêmes ancêtres , de partager la même gloire , d'avoir les mêmes richesses , la même religion et la même sépulture ? Aimez-vous les uns les autres , vivez tous en frères ; car la fraternité est la clef de voûte de tout ordre social basé sur la démocratie : c'est le ciment qui joint les matériaux d'un édifice , c'est l'harmonie d'un grand nombre d'instruments, c'est la voix qui prie et qui console, c'est en un mot la providence de l'humanité. Sans la fraternité, camarades , vous n'aurez jamais ni liberté durable, ni égalité possible ; vous n'aurez toujours que tumulte , désordre , dissensions et tyrannie. Suivez mes conseils, amis, et je vous promets que vous serez forts et invincibles.

ADIEU. »

AD GUTTENBERG,
PRIMÆ ARTIUM CONDITOREM.

Nullius est animi flumen tantum, ulla loquendi
Nec vis tanta magis Guttenberg pandere pollens.
Non solùm scriptis nostris laudatur acumen
Tam clari ingenii, sed et orbis totius ore.
Inter nos vivis nullà non luce, canentque
Secla futura tuam laudem omnia morte carentem.
Immensi vivet donec lux publica mundi,
Dumque suam molem convolvet circulus ingens,
Languescet genus humanum ; quin, desinet esse,
Illius antè viri quàm fama periverit alta ! ! !

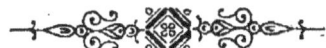

AUCTOR
ET VERÈ TYPOGRAPHI LUGDUNENSES
AD ILLUSTRISSIMUM CARDINALEM
DE BONALD,
ARCHIEPISCOPUM LUGDUNENSEM,
QUEM A CLERO SUO SCIENTIA POLLENTISSIMO
ADJUVANDUM QUOAD POSTULATIONEM
LIBENTISSIMÈ SCIUNT.

Nulla dies, socii, nobis sit lætior illà ;
   Interiùs crebrò commemoremus eam.
Relligio nostris etiam sua gaudia jungat,
   Nobiscum clamet : lucida adesto dies,
Quâ Præsul noster, frontem cui purpura cingit,
   Lugduni graphicum recreet arte typum,
Qui sacros sine labe libros expromere possit
   Ut per eos pietas sancta vigere queat.
Ergo sit obsequium, sit amor, reverentia caro
   Huic pastori ! etenim curat ovile suum.
Diligat Omnipotens illum, illi fausta precetur ;
   Det tandem æternæ regna salutis ei.
      Amen.

ET TOI,

Guttenberg, à qui nous devons l'invention de notre art la défense et le bouclier de la liberté, partage aussi les vœux de la typographie lyonnaise, et daigne recevoir de mes faibles talents la récompense de tes services :

Oui, Guttenberg, il n'est personne dont l'esprit ait assez d'étendue, ou l'éloquence assez de force, de fécondité et de véhémence pour pouvoir donner un nouveau lustre à ton nom. Si ton génie incomparable est célébré par nos écrits et par la bouche de toutes les nations, c'est qu'il obscurcit celui des autres inventeurs, comme le soleil levant fait disparaître la splendeur des étoiles ; aussi jamais aucune époque à venir ne cessera de te louer. Tu vis tous les jours parmi nous, et tu vivras éternellement dans la mémoire de tous les siècles. Tant que l'on verra le monde demeurer en son entier, il maintiendra toujours avec soi comme compagnon de sa durée l'honneur que tu mérites. Nous t'admirons, Guttenberg, nos pères t'ont admiré, la postérité t'admirera plus que nous encore. Enfin le genre humain cessera plutôt d'être sur la terre que le nom de GUTTENBERG !!!

ET VOUS,

Monseigneur, vous le père des ouvriers ; qui, sans acception aucune, avez toujours pris et prenez encore un soin impartial de tout votre troupeau, faites, de concert avec vos savants et zélés coadjuteurs, que désormais par des éditions saintes, correctes et propres à inspirer aux fidèles la vraie piété, notre art obtienne des succès distingués, cet art *par excellence* que l'incapacité des correcteurs élus sans épreuve et sans examen avait plongé dans les ténèbres. Amour, reconnaissance, grâces infinies vous en seront rendues, ô notre cher et bien-aimé Pasteur ! et le Seigneur Dieu Tout-Puissant, après avoir exaucé nos vœux, vous comblera de ses bénédictions en cette vie, et vous accordera la couronne immortelle en l'autre ; tandis que nous, pour le service important que vous aurez rendu à la typographie lyonnaise, nous ferons unanimement éclater notre joie en bénissant aussi votre nom.

Fiat ! fiat !

CONCLUSION.

Les auteurs, principalement les compositeurs-typographes, si souvent embarrassés pour les divisions, me sauront gré d'avoir terminé mon petit ouvrage par un tableau synoptique de celles qui sont conformes aux règles étymologiques. C'est pourquoi on divisera ainsi les mots suivants et leurs composés :

Abs-tème et non *ab-stème*.
Abs-tenir et non *ab-stenir*.
Abs-traire et non *ab-straire*.
Apo-stropher et non *apos-tropher*.
Archi-épiscopal et non *archié-piscopal*.
Cata-strophe et non *catas-trophe*.
Circon-spection et non *circons-pection*.
Circon-stance et non *circons-tance*.
Con-science et non *cons-cience*.
Con-scription et non *cons-cription*.
Con-struire et non *cons-truire*.
Con-stamment et non *cons-tamment*.
Co-obliger et non *coo-bliger*.
Co-opérer et non *coo-pérer*.
Dés-abuser et non *dé-sabuser*.

Il en est de même de tous les noms, adjectifs et verbes qui commencent par les propositions *co* et *dés*.

Di-phthongue et non *diph-thongue*.
In-aliénable et non *ina-liénable*.
In-amissible et non *ina-missible*.
In-ébranlable et non *iné-branlable*.
In-oculer et non *ino-culer*.
In-odore et non *ino-dore*.
In-scrire et non *ins-crire*.
In-spirer et non *ins-pirer*.

In-staller et non *ins-taller*.
In-stance et non *ins-tance*.
In-stituer et non *ins-tituer*.
In-struire et non *ins-truire*.
In-utile et non *inu-tile*.
Man-œuvrer et non *ma-nœuvrer*.
Micro-scope et non *micros-cope*.
Mis-anthrope et non *mi-santhrope*.
Pré-établir et non *prée-tablir*.
Pré-exister et non *prée-xister* ni *pré-ex-ister*.
Pre-scrire et non *pres-crire*.
Pro-scrire et non *pros-crire*.
Pro-spérer et non *pros-pérer*.
Pro-sterner et non *pros-terner*.
Pro-stituer et non *pros-tituer*.
Pro-stration et non *pros-tration*.
Sur-abonder et non *su-rabonder*.
Tele-scope et non *teles-cope*.
Trans-porter et non *tran-sporter*.
Trans-planter et non *tran-splanter*.
Trans-iger et non *transi-ger*.

Il en sera de même pour le latin et le grec, puisque tous les mots précités dérivent de ces deux langues.

La Guillotière. — Impr. de J.-M BAJAT, cours d'Austerlitz, 5.

www.ingramcontent.com/pod-product-compliance
Lightning Source LLC
Chambersburg PA
CBHW030107230526
45471CB00003B/1301